하브루타
성경학교
HAVRUTA BIBLE SCHOOL

말키세이 1

말씀으로 키운 자녀가 세상을 이끈다

말키세이 : '말씀으로 키운 자녀가 세상을 이끈다'는 뜻의 말키세이는 히브리어 'מלאכ'로 음역하면 '세운 자, 사도, 지도자, 메신저'라는 뜻을 갖고 있다.

하브루타 선교회
HAVRUTA MISSIONS

목차

돌판에 새긴 사랑
십계명

추천사

하브루타가 한국에 소개된 지 벌써 10년이 넘어섰습니다. 하브루타는 한국의 공교육에서 그 효과를 분명히 보여주었고, 교회 교육에도 어린아이부터 장년에 이르기까지 변화의 바람을 일으키고 있습니다. 하브루타가 보급된 교회를 보면 단순히 교육을 넘어 문화로서의 가능성과 열매까지 보여주고 있습니다.

하브루타가 학교 교육에 신속히 보급된 것과 달리 성경 교육 원안임에도 불구하고 한국교회에는 비교적 늦게 소개되었고 더디게 알려졌습니다. 하지만 그 속에 담긴 하나님의 뜻과 계획이 가정과 교회에 분명히 있기에 앞으로 더욱 기대됩니다. 성경 하브루타 교육 현장을 면면히 살펴보면 코로나19의 비대면 상황 속에서 하브루타가 얼마나 놀라운 교육인지 여실히 보여주고 있습니다.

신명기 6장에 제시된 '강론'의 실천으로서 하브루타는 다양한 영역에서 실천하고 시행착오를 겪으며 성장 발전해 오고 있습니다. 특히 광주 선교회에서 시행해 온 여름 캠프 등은 하브루타의 매력에 빠져들게 합니다. 성경 하브루타가 교회 교육 변화의 전환점이 되기 충분한 교육이라는 것을 알 수 있게 합니다.

처음에는 사람들이 하브루타를 단순히 새로운 성경 공부 방법으로 접근하지만 이내 말씀이 역사하는 신앙교육의 매력에 빠져들게 합니다. 하브루타는 성경의 올바른 이해와 깨달음 뿐만 아니라 공감 능력, 대면 능력, 소통 능력, 문제 해결 능력 등의 보너스 같은 교육적 효과로 가득했습니다. 또 이러한 교육 효과는 말씀 이해의 깊이와 폭을 더욱 넓혀 주는 선순환을 일으켰습니다.

이 책의 출간을 환영하며 특별히 하나님께 감사한 이유는 단순히 학문적 연구의 결과물이 아니기 때문입니다. 이미 수많은 사역 현장에서 역사하시는 성령님의 인도하심이 반영되고 정리되어 있기 때문입니다. 민형덕사모를 중심으로 많은 분들의 눈물과 수고가 담긴 책입니다. 이 책에는 하나님의 교육 정신이 들어 있을 뿐만 아니라 가정과 교회에서 실제로 실천이 가능한 길이 담겨 있습니다.

여러 가지 어려운 환경 속에서 수년동안 사명감 하나로 이 길을 걸어온 민형덕 사모와 함께한 모든 분들의 수고에 너무나 감사할 뿐입니다. 이 책이 교회학교 변화의 지평을 여는 책이 될 것을 믿고 기대합니다. 단순히 책상 위에서 성경을 배우는 제자 훈련이 아니라, 삶을 통해 배우는 중요한 도구가 될 것입니다.

이 책은 학생의 변화와 더불어 함께하는 교사가 달라지는 신비를 삶을 통해 배우는 경험을 할 것입니다. 다음 세대가 달라지는 것은 한국교회의 미래를 반석 위에 세우는 가장 확실한 길입니다. 이 책의 출간은 한국의 교회학교의 변화를 기대하게 합니다. 이 책을 손에 들고 실천한다면 이 시대에 정말로 소중한 영적 도구를 소유한 것입니다.

이익열 목사(하브루타선교회 대표)

서문

"또 어려서부터 성경을 알았나니 성경은 능히 너로 하여금 그리스도 예수 안에 있는 믿음으로 말미암아 구원에 이르는 지혜가 있게 하느니라."(딤후 3:15)

인간 발달에서 4~14세는 인격 형성에 중요한 시기로 육체적, 정신적 성장이 급격하게 일어나며, 긍정적 또는 부정적 관점이 형성되고, 자의식이 형성되는 시기입니다. 또 영적 성장에 있어서도 이 시기는 매우 중요한 시기입니다. 이 시기에 복음을 받아들여 믿음을 갖게 되면 성인이 되어서도 85퍼센트 가량이 교회를 떠나지 않고 있다고 합니다. 따라서 이때 아이들에게 하나님의 세계관을 심어 주고 그리스도인으로서 정체성을 갖도록 해주어야 합니다. 인간의 행동과 믿음은 어릴 때 발달하기에 인간의 도덕적이고 영적인 발달에 중대한 영향을 주고 싶다면 가장 쉽게 마음을 여는 이 때를 놓쳐서는 안 됩니다.

하나님께서는 수많은 어린아이들이 그에게 오기를 원하고 기다리고 계십니다. '마땅히 행할 길을 아이에게 가르치라 그리하면 늙어도 그것을 떠나지 아니하리라.'(잠 22:6)는 말씀에 의지하여 교회는 다음 세대를 영성과 인성이 뛰어난 아이들로 길러내야 합니다. 우리 아이들이 세상을 말씀으로 이끌어 가는 리더로 세워야 합니다.

최근 주일학교는 어려운 위기에 직면하고 있습니다. 아이들은 더 이상 자발적으로 신앙생활을 하지 않고 일방적인 설교 말씀에 지루해 하며 공과 공부 시간마저 스마트폰에 빼앗기고 말았습니다. 다음 세대인 어린이와 청소년이 교회를 떠나고 있고 심지어 교회학교가 없는 교회도 많아지고 있습니다. 우리나라 인구 중 크리스천은 18.3퍼센트인데 이 중 어린이는 단 3퍼센트만이 교회에 출석하고 있다는 통계가 있습니다. 4~14세에 무엇으로 우리의 주일학교를 다시 일으키고 다음 세대를 준비할 수 있을까요?

4차 산업혁명이라는 새로운 시대가 도래하면서 교회에도 새로운 변화가 요구되고 있습니다. 교회학교가 달라져야 합니다. 교회학교에서 하브루타로 말씀 공부를 해야 하는 이유가 여기에 있습니다. 미래시대의 교육은 학습의 도구뿐만이 아닌 학습의 방법에 있어서도 달라져야 합니다. 질문으로 대화하고 토론하고 논쟁하는 것은 성경 속의 말씀이 나의 말씀이 되고 마음에 새겨지게 되면서 생활에서 실천할 수 있도록 도와줍니다.

이 말키세이(말씀으로 키운 자녀가 세상을 이끈다)교재는 지난 6년 동안 2박 3일 과정으로 유·초등부 성경학교를 하브루타 방법으로 진행했던 공과를 편집했습니다. 말키세이 성경학교 교재는 캠프나 교회학교 성경 공부용으로도 사용할 수 있도록 되어 있습니다. 다양한 자료와 방법으로 구성했습니다. 이를 통해 교회학교 학생, 교사, 부모님들도 함께 신앙이 성장하는 기회가 되고, 주일학교를 다시 일으키는 마중물 역할이 되길 기대합니다.

본 교재가 출간될 수 있도록 그동안 함께 수고해 주신 목회자, 사모, 성도들께 감사의 마음을 전합니다. 끝까지 편집에 수고해 주신 분들에게도 감사를 표합니다. 앞으로 하브루타 선교회 공과가 더욱 발전하여 전국에 있는 교회와 주일학교, 가정에 믿음을 세우고 하나님 나라를 확장하는 일에 귀하게 쓰여지는 교재가 되도록 기도해 주시길 바랍니다. 모든 영광을 하나님께 올려 드립니다.

민형덕 사모(교육학 박사, 하브루타 광주선교회)

하브루타가 뭐예요?

성경 하브루타는

성경 본문을 두고 공동체 안에서
다양한 형태의 짝을 이루어
질문, 대화, 토론, 논쟁하는
실천적 배움의 과정입니다.

하브루타
성경학교

말씀으로 키운 자녀가 세상을 이끈다

성경 하브루타는

"이스라엘아 들으라(Shema Israel) 우리 하나님 여호와는 오직 유일한 여호와이시니 너는 마음을 다하고 뜻을 다하고 힘을 다하여 네 하나님 여호와를 사랑하라 오늘 내가 네게 명하는 이 말씀을 너는 마음에 새기고 네 자녀에게 부지런히 가르치며 집에 앉았을 때에든지 길을 갈 때에든지 누워 있을 때에든지 일어날 때에든지 이 말씀을 강론할 것이며 너는 또 그것을 네 손목에 매어 기호를 삼으며 네 미간에 붙여 표로 삼고 또 네 집 문설주와 바깥문에 기록할지니라"(신명기 6:4~9)

이스라엘 백성은 수 많은 성경 말씀 중에서 이 쉐마를 가장 중요하게 생각하고, 오직 하나님을 사랑하는 것을 지상 명령으로 여겼습니다. 오늘날 하나님의 백성인 그리스도인도 하나님의 말씀을 가지고 하브루타 하는 것이 하나님을 사랑하는 최고의 방법일 것입니다.

가정과 학교, 교회, 어디서든지 목회자와 성도, 교사와 학생, 부모와 자녀, 친구끼리 짝을 지어 성경 말씀에 대해 열심히 이야기를 나누고 토론합니다. 그리하여 성경 하브루타 하는 모든 사람들이 하나님의 사람으로 온전해지고 모든 선한 일을 행할 능력을 갖추는(디모데후서 3:16~17) 성도가 되길 소망합니다.

이 책을 효과적으로 활용해 보세요

이 책은 성경학교 교재 및 성경 공부용으로 활용하도록 제작되었습니다.
연령은 초등학교 3학년부터 청소년까지 사용할 수 있습니다.

1부 Welcome › **2부 Havruta** › **3부 Mission**

1부 Welcome › 2부 Havruta › 3부 Mission

1부 Welcome

말씀으로 들어가기 위해 성령님께서 인도해 주시도록 기도하며 마음과 생각을 깨워요.

- **공동기도문** : 모둠에서 차례대로 순번을 정한 후 앞에 이름을 적고 한 구절 씩 기도제목을 씁니다. 돌아가면서 기도제목을 말할 때 받아 적고 완성되면 한 목소리로 다같이 소리내어 읽으면서 기도합니다.
- **마음 열기** : 마음과 감정을 편안하게 하고 긴장을 풀어주어 하브루타 하기에 부드러운 마음 상태로 열어줍니다.
- **생각 열기** : 생각의 문이 열리도록 뇌를 깨우는 활동입니다.

2부 Havruta

하브루타는 말씀 이해, 말씀 심화, 말씀 적용의 과정을 거칩니다. 짝 또는 모둠 전체가 이야기를 나누며 성경에서 하나님의 뜻을 찾아 내고, 나에게 원하시는 삶이 무엇인지 발견합니다.

말씀 이해

- **성경 읽기** : 본문을 세 번 정도 손가락으로 짚어가며 읽습니다.
- **단어 풀이** : 읽으면서 모르는 단어나 중요한 단어가 나오면 표시하고 단어의 뜻을 알아봅니다.
- **알쓸성잡** : 각 본문마다 참고할 만한 내용을 모둠과 함께 질문하고 이야기를 나눕니다.
- **사실 질문** : 본문에 정답이 있는 질문을 만들어 봅니다. (육하원칙에 따라 만들기, OX퀴즈, 단답형, 괄호 넣기 등)

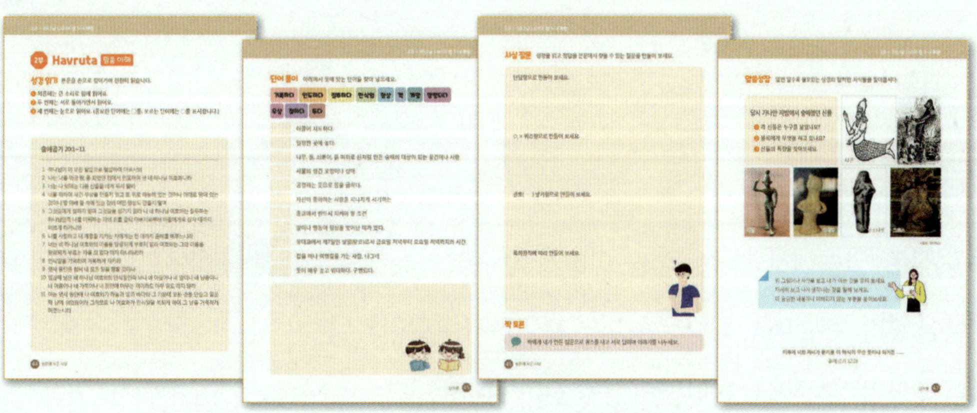

말씀 심화

- **심화 질문** : 본문에 나와 있지 않지만 궁금했던 내용을 질문으로 만들어 봅니다.
  (왜 그랬을까?, 만약에~ 라면, 어떻게 할까? 무엇일까?)
- **짝 토론** : 하브루타의 꽃은 짝과 함께 이야기를 나누는 것입니다. 다양한 짝을 만나 이야기를 나누어 보세요.
- **모둠 토론** : 본문에서 핵심적인 질문이나 짝 토론 중 더 나누고 싶은 내용을 모둠으로 확장하여 하나님의 뜻을 찾아봅니다.

말씀 적용

- **적용 질문** : 말씀에서 깨달은 점을 '어떻게 삶 속에서 실천할 것인지'를 질문으로 만들어 봅니다.
- **하나님 알기** : 본문에서 하나님은 어떤 분이신지를 찾아봅니다. (하나님의 성호, 성품, 하신 일)
- **하나님 닮기** : 본문에서 하나님의 뜻을 찾아 실천합니다. (하라, 하지 말라고 하신 것, 닮아야 할 것, 기억해야 할 것)
- **쉬우르** : 본문에서 하나님의 뜻이 무엇인지를 종합정리합니다.
- **기도문** : 오늘 말씀을 생각하며 감사와 다짐의 기도를 드려요.
- **나의 다짐** : 적용 질문을 바탕으로 구체적으로 실천 가능한 내용을 적어봅니다.

3부 Mission

**각 과에 해당된 내용을 되새기도록 의미 있게 미션을 진행합니다.
실수하더라도 도전해 보세요.**

◆ 각 과에 해당된 내용을 되새기도록 의미있게 미션을 진행합니다.

TIP 단체 또는 패밀리 미션으로 응용해도 좋습니다.
모두 마친 후 책걸이 파티와 함께 미션완료 축하나 조그만 선물로 격려해 주세요.

미션을 완료한 후 체크하세요

1	2	3	4	5	6
십계명 따라쓰기	숨은 단어를 찾아라	단어 암호 풀이	성경 통독	뒤죽박죽 단어 찾기	삼면날기 만들기

하브루타 선교회
HAVRUTA MISSIONS

한입만

성경 하브루타 맛보기

성경 읽기 본문을 세 번 정도 손가락으로 짚어가며 읽습니다.

하나님이 세상을 이처럼 사랑하사 독생자를 주셨으니 이는 그를 믿는 자마다 멸망하지 않고 영생을 얻게 하려 하심이라(요3:16).

단어풀이 모르는 단어나 중요한 단어가 나오면 본문에 표시하세요.
그리고 단어의 뜻을 알아 봅니다.

하나님 : 세상을 창조한 창조주, 유일신, 여호와, 야훼

사랑 : 다른 사람을 애틋하게 그리워하고 열렬히 좋아하는 마음

독생자 : 하나님의 외아들이라는 뜻으로, 예수님를 이르는 말

멸망 : 국가나 민족 등이 망하여 없어짐

영생 : 영원히 삶

사실질문 본문에 정답이 있는 질문을 만들어 봅니다.

〈단답형〉

1. 하나님은 세상을 어떻게 사랑하시나요? (이처럼)
2. 우리의 구원을 위해 누구를 주셨나요? (예수님)

〈OX 퀴즈〉

하나님은 우리 구원을 위해 성령님을 주셨습니다. (X)

예수님을 믿으면 영생을 얻게 됩니다. (o)

〈괄호 넣기〉

1. 하나님이 세상을 이처럼 (　　　　　　) 하사
2. (　　　　　　)이 세상을 이처럼 사랑하사

〈육하원칙에 따라〉

1. 누가 : 누구를 믿으면 멸망하지 않나요? (예수님)

2. 언제 : 언제 영생을 얻을 수 있나요? (믿을 때)

3. 무엇을 : 하나님은 우리가 무엇을 얻기를 원하시나요? (영생)

4. 어떻게 : 하나님은 독생자를 어떻게 하셨나요? (주셨음)

5. 왜 : 하나님은 우리가 왜 예수님을 믿기를 원하시나요? (사랑하시기 때문에)

심화질문 본문에 나와 있지 않지만 궁금했던 내용을 질문으로 만들어 봅니다.

<왜 그랬을까?, 만약에 ~라면, 어떻게 할까? 무엇일까?>

1. 만약에 나라면 독생자를 줄 수 있을까?
2. 하나님은 우리를 독생자를 주시기까지 사랑하신 이유는 무엇일까?
3. 하나님의 사랑을 언제 느껴 봤나?

적용질문 말씀에서 깨달은 점을 '어떻게 삶 속에서 실천할 것인지'를 질문으로 만들어 봅니다.

1. 어떻게 하면 하나님의 깊고 넓으신 사랑을 이웃(친구)에게 전할 수 있을까?
2. 날마다 하나님의 사랑에 감사하는 방법은 무엇이 있을까?

하나님 알기 본문에서 하나님은 어떤 분이신지 찾아봅니다.

하나님은 어떤 분이신가요? (성호, 성품, 하신 일을 찾습니다.)

16절 - 사랑의 하나님

16절 - 독생자

전체 - 독생자를 아낌 없이 주시는 하나님

하나님 닮기 본문에서 하나님의 뜻을 찾아 실천합니다.

본문을 통해 하나님이 나에게 원하시는 것은?
(하라, 하지 말라 하신 것, 닮아야 할 모습과 성품, 기억해야 할 것을 찾습니다.)

16절 - 독생자를 믿으라

16절 - 독생자를 믿으면 영생이 있음을 기억하라

전체 - 이 예수님을 다른 사람들에게도 알려라

하브루타 선교회
HAVRUTA MISSIONS

만인 도덕률

Universal Laws

가르쳐 지키게 하라

Teach Them To Obey

내가 너희에게 분부한 모든 것을
그들에게 가르쳐 지키게 하라
(마태복음 28:20a)

◈ 공과를 하기 전(시작)과 공과를 한 후(종료)의 나의 신앙 상태를 체크해 보세요.

구 분	주제 / 암송구절	체크리스트 / 지키게하라	시작	종료
으뜸계명 가장 중요한 계명	**하나님의 사랑** 너는 마음을 다하고 뜻을 다하고 힘을 다하여 네 하나님 여호와를 사랑하라 신명기 6:5	마음을 다하여 하나님을 사랑하고 있다.		
		마음이 어려울 때에도 뜻(의지)을 사용하여 계명을 지켜내고 있다.		
		마지막까지 남은 힘을 짜내서 계명을 지킨 적이 있다.		
	이웃 사랑, 서로 사랑 원수를 갚지 말며 동포를 원망하지 말며 네 이웃사랑하기를 네 자신과 같이 사랑하라 나는 여호와이니라 레위기 19:18	니의 형제들(특히 동생들)에게 친절힌 말투를 사용하고 있다.		
		다른 사람의 잘못을 되갚지 않는 습관이 있다. (예: 때리기, 나쁜 말 쏟아 내기 등)		
		고자질을 하지 않고 있다.		
십계명 출20:1-17 신5:6-22 출20:1-17 신5:6-22	**1. 너는 나 외에는 다른 신들을 네게 두지 말라** 나는 너를 애굽 땅, 종 되었던 집에서 인도하여 낸 네 하나님 여호와니라 너는 나 외에는 다른 신들을 네게 두지말라 출애굽기 20:2-3	나라, 민족, 가족의 우상 숭배의 죄를 회개하였다.		
		우상 숭배(불상, 일월성신 등)을 회개하였다.		
		조상(제사 등)을 회개하였다.		
		미신 숭배(점, 굿, 신내림, 운세 등)을 회개하였다.		
		점이나 운세 보는 등의 일을 하지 않는다.		
		분신사마, 아브라카타브라 등의 강령술을 따라하지 않는다.		
		귀신놀이나 좀비놀이를 하지 않는다.		
		서로 무서운 이야기 해주는 놀이를 하지 않는다.		
		할로윈파티나 기념을 하지 않는다.		
	2. 우상을 만들지 말라 너를 위하여 새긴 우상을 만들지 말고 또 위로 하늘에 있는 것이나 아래로 땅에 있는 것이나 땅 아래 물 속에 있는 것의 어떤 형상도 만들지 말며 그것들에게 절하지 말며 그것들을 섬기지 말라 출애굽기 20:4-5	집에 귀신/ 몬스터 캐릭터나 카드가 없다. (예:피카츄, 포켓몬 등)		
		마술 카드를 갖고 있지 않다.		
		집에 우상 형상의 기념품을 두지 않았다. (예:하루방, 붉은악마)		
		연예인 사진이나 물건 등을 특별히 소중하게 여기지 않는다.		
		친구가 없어도 하나님만 있고 가족(형제)만 있으면 만족하게 여긴다.		
		귀신과 관련된 책 / 동영상을 즐기지 않는다		
	3. 너는 네 하나님 여호와의 이름을 망령되게 부르지 말라 너는 네 하나님 여호와의 이름을 망령되게 부르지 말라 여호와는 그의 이름을 망령되게 부르는 자를 죄 없다 하지 아니하리라 출애굽기 20:7	하나님의 이름을 함부로 사용하지 않는다.		
		'Oh my God'이란 표현을 사용하지 않고 있다.		
		별일 아닌 일에 '아이고 주님' 이라는 말을 사용하지 않고 있다.		
		"나, 하나님한테 맹세해" 등의 말을 사용하지 않고 있다.		
		거절의 의미로 "하나님께 기도해 볼께요"라는 말을 사용하지 않고 있다. (하나님의 이름을 제대로 사용하기)		
		병이나 악한 일을 대적할 때 예수의 이름을 사용하고 있다. (예: "예수의 이름으로 무서움은 떠나가라")		
		하나님이 나를 높이셨을 때 "하나님께 영광 돌립니다" 라고 표현한 적이 있다.		
		누군가 나를 칭찬할 때 "이것은 주님의 은혜입니다" 라고 말한 적이 있다.		
		도움이 필요할 때 "성령님 도와주세요"라고 요청한 적이 있다.		

구 분	주제 / 암송구절	체크리스트 / 지키게하라	시작	종료
십계명 출20:1-17 신5:6-22 출20:1-17 신5:6-22	**4. 안식일을 지키라** 안식일을 기억하여 거룩하게 지키라 출 20:8	주일마다 예배를 드리고 있다. (에스겔 46:3) 주일에는 평소에 하던 일(일, 공부 등)을 쉬는 편이다. (출애굽기20:10) 주일에는 자신의 즐거움을 추구하는 것을 자제하고 있다. (쇼핑,휴가 등) (이사야 58:13) 주일을 '특정한 날' 에 '특정한 방법'으로 지켜야 한다는 말이 왜 틀렸는지 충분히 이해하고 있다. (골로새서 2:16)		
	5. 네 부모를 공경하라 네 부모를 공경하라 출 20:12	자기의 마음에 들지 않는 일에도 부모님께 순종하고 있다. 부모님이 말씀하실 때 주의를 기우려 듣는 습관이 있다. 부모님께 공손하게 말하는 습관이 있다. 부모님께 존댓말을 사용하고 있다. 부모님께 친절한 말투로 말하는 습관이 있다.		
	6. 살인하지 말라 살인하지 말라 출20:13	다른 사람을 미워함으로써 나 자신을 죽이는 일을 멀리하고 있다. 살인을 하는 게임을 멀리하고 있다.		
	7. 간음하지 말라 간음하지 말라 출20:14	연예인들에게 마음을 주지 않고 있다. 입맞춤은 가족끼리 만으로 제한하고 있다. 포옹은 공동체의 아는 사람만으로 제한하고 있다. 동성애를 죄로 알고 옹호하지 않고 있다. 음란한 사진이나 동영상을 멀리하고 있다.		
	8. 도둑질하지 말라 도둑질하지 말라 출20:15	주인의 허락 없이 남의 돈이나 물건에 손대지 않는 습관이 있다. 아무리 작은 것이라도 남의 돈이나 물건을 가져오지 않는다. (예:레고, 인형 등) 주인을 알 수 없는 물건을 내 것으로 취하지 않는 원칙을 지키고 있다. (예:길에 떨어진 돈) 노래, 영화, 도서, 사진, 프로그램 등의 저작권을 잘 지키고 있다.		
	9. 거짓 증거하지 말라 네 이웃에 대하여 거짓 증거하지 말라 출20:16	다른 사람을 곤란하게 만들기 위해 말을 과장하거나 꾸며내지 않고 있다. 만우절 풍습을 따르지 않는다. 나의 유익을 위해 사실보다 더 포장된 말을 하지 않고 있다.		
	10. 네 이웃의 집을 탐내지 말라 네 이웃의 집을 탐내지말라 네 이웃의 아내나 그의 남종이나 그의 여종이나 그의 소나 그의 나귀나 무릇 네 이웃의 소유를 탐내지 말라 출20:17	다른 사람의 집이 더 좋다고 부러워 하지 않는다. 다른 사람이 가진 물건을 부러워 하지 않는다. (예: 장난감, 돈, 핸드폰, 자동차 등) 쇼핑은 사고 싶은 물건을 사는 것이 아니라 필요한 물건을 사기 위함이라는 원칙을 지키고 있다.		
황금률 The Golden Rule	**남에게 대접을 받고자 하는 대로 너희도 남을 대접하라** 그러므로 무엇이든지 남에게 대접을 받고자 하는 대로 너희도 남을 대접하라 이것이 율법이요 선지자니라 마 7:12	내가 대접을 받기 원하는 대로 대접하는 습관이 있다. 고자질을 하지 않고 있다. 친절하게 말하기를 훈련하고 있다. 용서하기를 훈련하고 있다.		

※출처 : 만인도덕률, 처치홈스쿨 자료에서 발췌

시작

년	나는 ___개 항목 중에서	교사서명
월 일	___개를 지키고 있습니다.	학생서명

종료

년	나는 ___개 항목 중에서	교사서명
월 일	___개를 지키고 있습니다.	학생서명

하브루타 선교회
HAVRUTA MISSIONS

본문 배경

연대표

창조(에덴동산) 노아의 방주 바벨탑사건	
이집트 메소포타미아 문명 시작	BC 3000
인더스 황하 마야 문명 시작	BC 2500
우리나라 고조선 건국	BC 2333
영국 스톤헨지가 세워짐	BC 2300
아브라함(우르지방)	BC 2000
야곱가족 애굽 이주 앗시리아, 메소포타미아 통일	BC 1900
중국 은나라	BC 1766
함무라비 법전	BC 1750
이집트 물시계 사용 모세출현	BC 1600
인도 힌두교 시작	BC 1500
중국 갑골문자 사용	BC 1500
출애굽	BC 1446

애굽의 노예생활

세상을 창조하신 하나님은
죄에 빠진 인간을 위해
구원의 다리를
놓기 시작하십니다.

아브라함을 부르심으로
시작된 이른바 '사랑의 작전'은
본격적으로 이스라엘 백성을
제사장 나라로 세우기 위해
애굽에서 꺼내심으로
시작됩니다.

하브루타 선교회
HAVRUTA MISSIONS

1과

하나님 나라의 시작

너희를 내 백성으로 삼고
나는 너희의 하나님이 되리니
나는 애굽 사람의 무거운 짐 밑에서 너희를 빼낸
너희의 하나님 여호와인 줄 너희가 알지라
(출애굽기 6:7)

공동기도문

돌판에 새긴 사랑
십계명

_______________ 함께 기도해요.

( ) 하나님 아버지,

주시고,

주시고,

주시고,

주시고,

주시고,

주시고,

주시고,

주시고,

주시고,

( ) 예수님 이름으로 기도합니다. 아멘

1과 하나님 나라의 시작

1부 Welcome

공동기도문으로 기도합니다.

마음 열기

지금 자신의 마음을 표현할 수 있는 색깔을 선택해 감정을 찾아 써보세요.

내가 선택한 색깔은?
그 색깔을 선택한 이유는?

분노 ANGER	놀람 SURPRISE	기쁨 HAPPINESS	혐오 DISGUST	슬픔 SADNESS	공포 FEAR
① 불쾌해	① 기대돼	① 반가워	① 무례해	① 우울해	① 두려워
② 질투나	② 재미있어	② 뿌듯해	② 씁쓸해	② 미안해	② 불안해
③ 짜증나	③ 흥미로워	③ 행복해	③ 싫어	③ 실망스러워	③ 불편해
④ 괘씸해	④ 짜릿해	④ 고마워	④ 끔찍해	④ 쓸쓸해	④ 혼란스러워
⑤ 열받아	⑤ 신나	⑤ 사랑스러워	⑤ 얄미워	⑤ 고단해	⑤ 초조해

※출처 : 명화로 나누는 감정이야기 이모션 큐레이터

2부 Havruta 말씀 이해

성경 읽기 본문을 손으로 짚어가며 천천히 읽습니다.

1. 처음에는 큰 소리로 함께 읽어요.
2. 두 번째는 서로 돌아가면서 읽어요.
3. 세 번째는 눈으로 읽어요. (중요한 단어에는 □를, 모르는 단어에는 ○를 표시합니다.)

출애굽기 6:2~13

2 하나님이 모세에게 말씀하여 이르시되 나는 여호와이니라
3 내가 아브라함과 이삭과 야곱에게 전능의 하나님으로 나타났으나 나의 이름을
여호와로는 그들에게 알리지 아니하였고
4 가나안 땅 곧 그들이 거류하는 땅을 그들에게 주기로 그들과 언약하였더니
5 이제 애굽 사람이 종으로 삼은 이스라엘 자손의 신음 소리를 내가 듣고
나의 언약을 기억하노라
6 그러므로 이스라엘 자손에게 말하기를 나는 여호와라 내가 애굽 사람의 무거운
짐 밑에서 너희를 빼내며 그들의 노역에서 너희를 건지며 편 팔과 여러 큰 심판
들로써 너희를 속량하여
7 너희를 내 백성으로 삼고 나는 너희의 하나님이 되리니 나는 애굽 사람의
무거운 짐 밑에서 너희를 빼낸 너희의 하나님 여호와인 줄 너희가 알지라
8 내가 아브라함과 이삭과 야곱에게 주기로 맹세한 땅으로 너희를 인도하고
그 땅을 너희에게 주어 기업을 삼게 하리라 나는 여호와라 하셨다 하라
9 모세가 이와 같이 이스라엘 자손에게 전하나 그들이 마음의 상함과 가혹한
노역으로 말미암아 모세의 말을 듣지 아니하였더라
10 여호와께서 모세에게 말씀하여 이르시되
11 들어가서 애굽 왕 바로에게 말하여 이스라엘 자손을 그 땅에서 내보내게 하라
12 모세가 여호와 앞에 아뢰어 이르되 이스라엘 자손도 내 말을 듣지 아니하였거
든 바로가 어찌 들으리이까 나는 입이 둔한 자니이다
13 여호와께서 모세와 아론에게 말씀하사 그들로 이스라엘 자손과 애굽 왕 바로에
게 명령을 전하고 이스라엘 자손을 애굽 땅에서 인도하여 내게 하시니라

단어 풀이 아래에서 뜻에 맞는 단어를 찾아 넣으세요.

거류	애굽	노역	속량	언약	맹세	여호와	자손	바로

- ( ) 어떤 곳에 임시로 머물러 사는 것
- ( ) 양자나 혹은 다수가 상호 간의 권리와 의무를 정하여 협약하는 것
- ( ) 현재 이집트
- ( ) 이집트의 왕에 대해 부르는 말, 파라오
- ( ) 고용인에 의하여 일방적으로 혹사를 당하는 일, 강제노동
- ( ) 대가를 지불하고 종에서 자유인이 되게 하는 것
- ( ) 일정한 약속이나 목표를 꼭 실천하겠다고 다짐하는 것
- ( ) 자식과 손자를 아울러 일컫는 말
- ( ) 스스로 있는 자, 우리 가운데 임재하시는 하나님, 함께하신다.

사실 질문 성경을 읽고 정답을 본문에서 찾을 수 있는 질문을 만들어 보세요.

단답형으로 만들어 보세요.

○, × 퀴즈형으로 만들어 보세요.

괄호 (　　) 넣기형으로 만들어 보세요.

육하원칙에 따라 만들어 보세요.

짝 토론

짝에게 내가 만든 질문으로 퀴즈를 내고 서로 답하며 이야기를 나누세요.

알쓸성잡 알면 알수록 쓸모있는 성경의 잡학한 지식들을 알아봅시다.

애굽에서 가나안에 오기까지

시내산(호렙산)

이집트 피라미드

이집트 수도 카이로

＊출처 : 위키백과

위 그림이나 사진을 보고 내가 아는 것을 말해 보세요.
자세히 보고 나서 생각나는 것을 말해 보세요.
더 궁금한 내용이나 이해되지 않는 부분을 물어보세요.

이후에 너희 자녀가 묻기를 이 예식이 무슨 뜻이냐 하거든 ……

출애굽기 12:26

2부 Havruta 말씀 심화

심화 질문 본문에 정답은 없지만 성경을 읽고 궁금한 것을 질문으로 만들어 보세요.

예) 모세가 이 말씀을 이스라엘 백성들에게 전했을 때 어떤 반응이었을까?

짝 토론 짝과 함께 이야기 나누는 시간. 짝과 함께 위의 질문에서 몇가지를 골라 이야기 나누고 가장 인상적인 질문과 답을 정리해 보세요.

나의 질문	내 생각	짝 생각

짝의 질문	내 생각	짝 생각

2부 Havruta 말씀 적용

적용 질문 말씀에서 깨달은 점을 어떻게 삶에서 실천할 것인지 질문으로 만들어 보세요.

예) 나라면 이 말씀을 듣고 무엇을 준비할까?

짝 토론 Tip 서로 눈을 마주보며, 경청하는 마음으로 '아니' 대신 다음과 같이 말해 보세요.

하나님 알기 하나님은 어떤 분이신가요? (성호, 성품, 하신 일을 찾습니다)

(　　)절

(　　)절

(　　)절

전체

하나님 닮기 말씀에서 실천해야 할 하나님의 뜻은 무엇인가요?

(하라 또는 하지말라 하신 것, 닮아야 할 것, 기억해야 할 것 등을 찾습니다)

(　　)절

(　　)절

(　　)절

전체

쉬우르 본문에서 하나님의 뜻이 무엇인지 종합정리 합니다.

아브라함과 이삭 그리고 야곱에게 하신 언약을 이루시려고 하십니다. 이 출애굽 구원은 시내산에서 언약을 맺고, 이 언약을 지킬 수 있도록 하나님의 계명 곧 십계명을 주시기 위함입니다. 우리는 언약을 약속하시고 지키시는 하나님을 온전히 믿고 순종하는 삶을 살아야겠습니다.

3부 Mission 1

십계명 따라쓰기

예수님께서 사람은 "하나님의 입으로 나오는 모든 말씀으로 살 것이라"라고 했습니다.
하나님의 말씀인 성경은 영적인 생명을 위한 놀라운 선물이지요.
그러므로 성경 말씀을 읽고 쓰고 외우는 일은 참 좋은 습관입니다.
믿음으로 인내하며 성경을 쓰다보면 '물이 변하여 포도주가 되었던 것' 처럼
하나님 말씀이 나를 변화시켜 주실 것입니다.

1. 기도로 시작하세요.

한 글자 쓸 때 마다 살아있는 하나님의 말씀이 내 안에 들어올 수 있게 해주세요.
예수님 이름으로 기도합니다. 아멘.

2. 말씀의 의미를 마음에 새기면서 쓰세요.

단순히 따라 쓰는 것이 목적이 아니라 의미를 이해하면서 써나갈수 있도록 주의를 기울이세요.

3. 조용히 말씀과 나만의 시간 이 되게 하세요.

잡담을 하거나 흐트러진 상태에서 하는 것은 묵상이 아니라 그냥 쓰기입니다.

4. 한꺼번에 많은 양을 하려 하지 마세요.

집중이 되지 않을 때는 잠깐 쉬고 하세요.

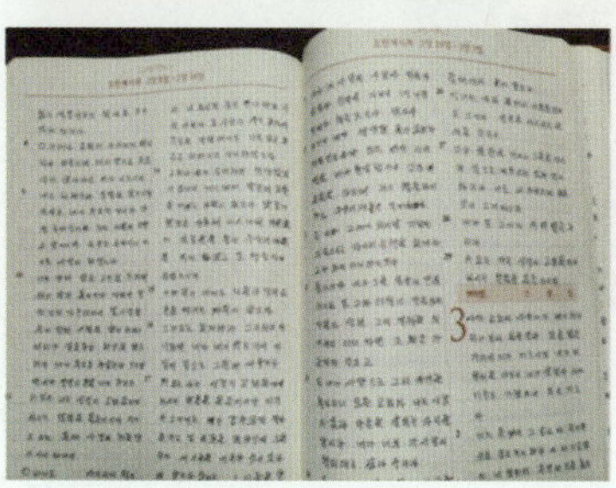

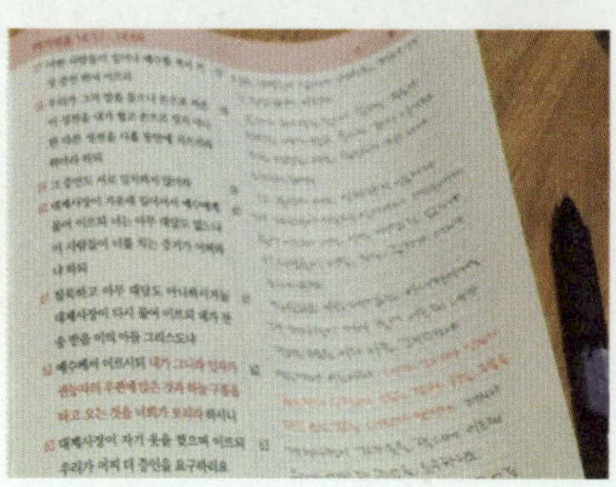

십계명 따라쓰기

1. 하나님이 이 모든 말씀으로 말씀하여 이르시되

2. 나는 너를 애굽 땅, 종 되었던 집에서 인도하여 낸 네 하나님 여호와니라

3. 너는 나 외에는 다른 신들을 네게 두지 말라

4. 너를 위하여 새긴 우상을 만들지 말고 또 위로 하늘에 있는 것이나 아래로 땅에 있는 것이나 땅 아래 물 속에 있는 것의 어떤 형상도 만들지 말며

5. 그것들에게 절하지 말며 그것들을 섬기지 말라 나 네 하나님 여호와는 질투하는 하나님인즉 나를 미워하는 자의 죄를 갚되 아버지로부터 아들에게로 삼사 대까지 이르게 하거니와

6. 나를 사랑하고 내 계명을 지키는 자에게는 천 대까지 은혜를 베푸느니라

7. 너는 네 하나님 여호와의 이름을 망령되게 부르지 말라 여호와는 그의 이름을 망령되게 부르는 자를 죄 없다 하지 아니하리라

십계명 따라쓰기

8. 안식일을 기억하여 거룩하게 지키라

9. 엿새 동안은 힘써 네 모든 일을 행할 것이나

10. 일곱째 날은 네 하나님 여호와의 안식일인즉 너나 네 아들이나 네 딸이나 네 남종이나 네 여종이나 네 가축이나 네 문안에 머무는 객이라도 아무 일도 하지 말라

11. 이는 엿새 동안에 나 여호와가 하늘과 땅과 바다와 그 가운데 모든 것을 만들고 일곱째 날에 쉬었음이라 그러므로 나 여호와가 안식일을 복되게 하여 그 날을 거룩하게 하였느니라

12. 네 부모를 공경하라 그리하면 네 하나님 여호와가 네게 준 땅에서 네 생명이 길리라

13. 살인하지 말라

14. 간음하지 말라

15. 도둑질하지 말라

16. 네 이웃에 대하여 거짓 증거하지 말라

17. 네 이웃의 집을 탐내지 말라 네 이웃의 아내나 그의 남종이나 그의 여종이나 그의 소나 그의 나귀나 무릇 네 이웃의 소유를 탐내지 말라

3부 Mission 2

숨은 단어를 찾아라!

1과에서 배운 여러가지 단어들을 연결해서 찾아보세요!
어떤 모양이 나오나요?

과	수	원	천	도	복	승
자	손	거	지	역	속	죄
애	서	류	노	행	량	수
굽	미	술	수	동	맹	도
언	양	소	마	태	세	관
약	바	로	여	호	와	우
국	수	박	물	관	광	산

2과

하나님 나라의 법

1 ~ 4계명

1계명 나 외의 다른 신을 섬기지 말라
2계명 우상을 만들지 말라
3계명 여호와의 이름을 망령되이 일컫지 말라
4계명 안식일을 지키라

(출애굽기 20:3-8)

공동기도문

돌판에 새긴 사랑
십계명

________________ 함께 기도해요.

(   ) 하나님 아버지,

주시고,

주시고,

주시고,

주시고,

주시고,

주시고,

주시고,

주시고,

주시고,

(   ) 예수님 이름으로 기도합니다. 아멘

돌판에 새긴 사랑
십계명

2과 하나님 나라의 시작
1~4계명

1부 Welcome

공동기도문으로 기도합니다.

생각 열기
캠핑할 때 우리 가족의 안전을 지켜 줄 규칙을 만들어보세요.

사랑하는 가족들과 오랜만에 캠핑을 떠났어요.
그런데 갑자기 차에 기름이 떨어져 우리는
아무도 없는 오지에서 캠핑을 하게 되었지요.
물도 부족하고 먹을 것도 부족한 이곳에서
가족의 생명과 건강을 지키기 위해 우리 가족이
해야 할 것과 하지 말아야 할 것은 무엇인지
아래 이미지를 이용해서 규칙을 만들어 보세요.

규칙1 불을 피워 따뜻한 온도를 유지해요.

규칙2

규칙3

규칙4

규칙5

규칙6

2부 Havruta 말씀 이해

성경 읽기 본문을 손으로 짚어가며 천천히 읽습니다.

❶ 처음에는 큰 소리로 함께 읽어요.
❷ 두 번째는 서로 돌아가면서 읽어요.
❸ 세 번째는 눈으로 읽어요. (중요한 단어에는 □를, 모르는 단어에는 ○를 표시합니다.)

출애굽기 20:1~11

1 하나님이 이 모든 말씀으로 말씀하여 이르시되
2 나는 너를 애굽 땅, 종 되었던 집에서 인도하여 낸 네 하나님 여호와니라
3 너는 나 외에는 다른 신들을 네게 두지 말라
4 너를 위하여 새긴 우상을 만들지 말고 또 위로 하늘에 있는 것이나 아래로 땅에 있는
것이나 땅 아래 물 속에 있는 것의 어떤 형상도 만들지 말며
5 그것들에게 절하지 말며 그것들을 섬기지 말라 나 네 하나님 여호와는 질투하는
하나님인즉 나를 미워하는 자의 죄를 갚되 아버지로부터 아들에게로 삼사 대까지
이르게 하거니와
6 나를 사랑하고 내 계명을 지키는 자에게는 천 대까지 은혜를 베푸느니라
7 너는 네 하나님 여호와의 이름을 망령되게 부르지 말라 여호와는 그의 이름을
망령되게 부르는 자를 죄 없다 하지 아니하리라
8 안식일을 기억하여 거룩하게 지키라
9 엿새 동안은 힘써 네 모든 일을 행할 것이나
10 일곱째 날은 네 하나님 여호와의 안식일인즉 너나 네 아들이나 네 딸이나 네 남종이나
네 여종이나 네 가축이나 네 문안에 머무는 객이라도 아무 일도 하지 말라
11 이는 엿새 동안에 나 여호와가 하늘과 땅과 바다와 그 가운데 모든 것을 만들고 일곱
째 날에 쉬었음이라 그러므로 나 여호와가 안식일을 복되게 하여 그 날을 거룩하게
하였느니라

단어 풀이 아래에서 뜻에 맞는 단어를 찾아 넣으세요.

거룩하다 인도하다 질투하다 안식일 형상 객 계명 망령되다 우상 절하다 두다

- 이끌어 지도하다.
- 일정한 곳에 놓다.
- 나무, 돌, 쇠붙이, 흙 따위로 신처럼 만든 숭배의 대상이 되는 물건이나 사람
- 사물의 생긴 모양이나 상태
- 공경하는 뜻으로 몸을 굽히다.
- 자신이 좋아하는 사람을 지나치게 시기하는
- 종교에서 반드시 지켜야 할 조건
- 말이나 행동이 정상을 벗어난 데가 있다.
- 유대교에서 제7일인 성일(聖日)로서 금요일 저녁부터 토요일 저녁까지의 시간
- 집을 떠나 여행길을 가는 사람, 나그네
- 뜻이 매우 높고 위대하다. 구별되다.

사실 질문 성경을 읽고 정답을 본문에서 찾을 수 있는 질문을 만들어 보세요.

단답형으로 만들어 보세요.

○, × 퀴즈형으로 만들어 보세요.

괄호(   ) 넣기형으로 만들어 보세요.

육하원칙에 따라 만들어 보세요.

짝 토론

짝에게 내가 만든 질문으로 퀴즈를 내고 서로 답하며 이야기를 나누세요.

알쓸성잡 알면 알수록 쓸모있는 성경의 잡학한 지식들을 알아봅시다.

당시 가나안 지방에서 숭배했던 신들

1. 각 신들은 누구를 닮았나요?
2. 몰록에게 무엇을 하고 있나요?
3. 신들의 특징을 찾아보세요.

다곤

몰록

바알

아세라

아스다롯

그모스

* 출처 : 위키백과

위 그림이나 사진을 보고 내가 아는 것을 말해 보세요.
자세히 보고 나서 생각나는 것을 말해 보세요.
더 궁금한 내용이나 이해되지 않는 부분을 물어보세요.

이후에 너희 자녀가 묻기를 이 예식이 무슨 뜻이냐 하거든 ……

출애굽기 12:26

2부 Havruta 말씀 심화

심화 질문 본문에 정답은 없지만 성경을 읽고 궁금한 것을 질문으로 만들어 보세요.

예) 왜 하나님을 미워하는 자는 삼대까지 벌 하실까?

짝 토론 짝과 함께 이야기 나누는 시간. 짝과 함께 위의 질문에서 몇가지를 골라 이야기 나누고 가장 인상적인 질문과 답을 정리해 보세요.

나의 질문	내 생각	짝 생각

짝의 질문	내 생각	짝 생각

모둠 토론 한 계명 씩 깊이 묵상하면서, 일상에서 지킬 수 있는 것을 써 봅시다.
그런 다음 서로 생각을 이야기 나눕니다.

1계명

너는 나 외에는 다른 신들을 네게 두지 말라

다른 이로써는 구원을 받을 수 없나니 천하 사람 중에 구원을 받을 만한 다른 이름을 우리에게 주신 일이 없음이라 하였더라 (사도행전 4:12)

예)
조상숭배(제사 등)을 회개하였다.
귀신놀이를 하지 않는다. 할로윈 데이를 기념하지 않는다.

2계명

너를 위하여 새긴 우상을 만들지 말고 또 위로 하늘에 있는 것이나 아래로 땅에 있는 것이나 땅 아래 물 속에 있는 것의 어떤 형상도 만들지 말며, 그것들에게 절하지 말며 그것들을 섬기지 말라

그런즉 너희가 먹든지 마시든지 무엇을 하든지 다 하나님의 영광을 위하여 하라
(고린도전서 10:31)

예)
집에 몬스터 캐릭터들이 없다.
연예인 사진이나 물건을 특별히 소중하게 여기지 않는다.

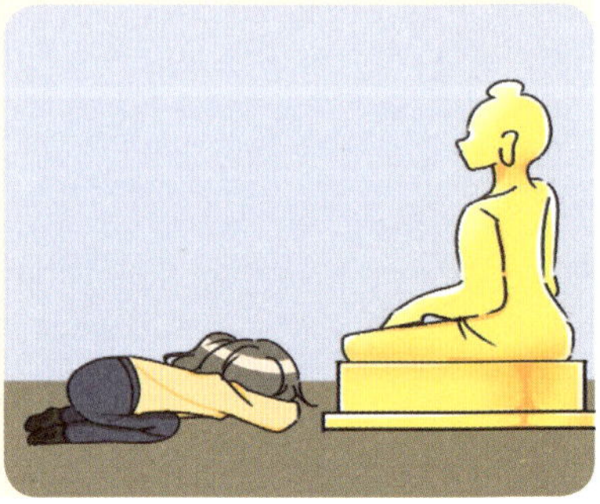

3계명

너는 네 하나님 여호와의 이름을 망령되게 부르지 말라

망령되고 허탄한 신화를 버리고 오직 경건에 이르기를 연습하라
(디모데전서 4:7)

예)
'Oh, My God!' 이란 표현을 사용하지 않고 있다.
누군가를 칭찬할 때 '하나님의 은혜입니다' 라고 말한다.

4계명 | 안식일을 기억하여 거룩하게 지키라

인자는 안식일의 주인이니라 (마태복음 12:8)

예)
주일은 왜 교회를 가는지 충분히 알고 설명할 수 있다.
토요일 저녁은 일찍 잠에 든다.
주일마다 예배를 드리고 있다.

2부 Havruta 말씀 적용

적용 질문 말씀에서 깨달은 점을 어떻게 삶에서 실천할 것인지 질문으로 만들어 보세요.

하나님 알기 하나님은 어떤 분이신가요? (성호, 성품, 하신 일을 찾습니다)

(　　)절

(　　)절

(　　)절

전체

하나님 닮기 말씀에서 실천해야 할 하나님의 뜻은 무엇인가요?
(하라 또는 하지말라 하신 것, 닮아야 할 것, 기억해야 할 것 등을 찾습니다)

(　　)절

(　　)절

(　　)절

전체

쉬우르 본문에서 하나님의 뜻이 무엇인지 종합정리 합니다.

하나님께서 십계명을 주신 이유는 무엇일까요?

십계명을 주신 목적은 우리를 사랑하시기 때문입니다. 십계명은 나침판, 네비게이션과도 같습니다. 우리가 어디로 가야할지 어떻게 살아야 할지를 알려줍니다. 하나님은 인간을 사랑하셔서 계명을 주셨습니다. 사람이 자기 마음대로 살아간다면 세상은 혼란할 수밖에 없을 겁니다. 돌판에 새겨진 십계명을 통해 하나님 사랑과 이웃 사랑이 세상을 살아가는 우리의 삶의 기준이 되어야겠습니다.

기도문

십계명을 통해 우리에 대한 하나님 아버지의 사랑을 깨닫고 하나님과 이웃을 사랑하는 주의 자녀가 되게 하소서. 예수님의 이름으로 기도합니다. 아멘

나의 다짐 적용질문을 바탕으로 구체적 실천 가능한 내용을 적어 봅니다.

3부 Mission 3

단어 암호 풀기

룩	인	일
안	다	하
식	도	거

명	두	형
령	우	절
객	되	상

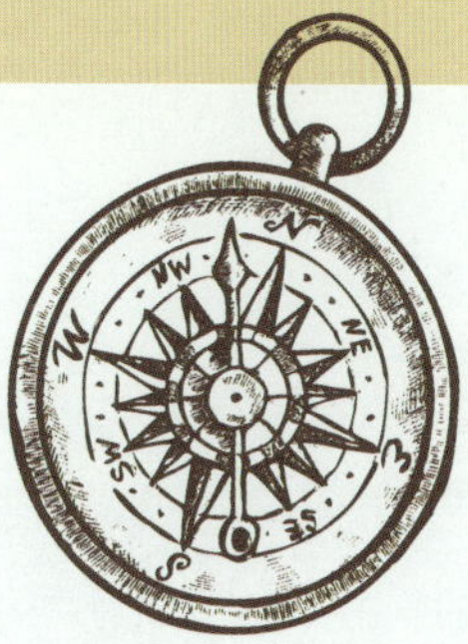

3부 **Mission 4**

성경통독

다같이 성경을 통독하세요! 성경책을 지참하고, 질서있게 앉아 읽습니다.
전원이 참석하여 통독하면 미션 완료입니다.

월	일	출애굽기 19~20장	읽기완료 ☐
월	일	출애굽기 19~20장	읽기완료 ☐

3과

하나님 나라의 법

5~ 10계명

5계명 네 부모를 공경하라
6계명 살인하지 말라
7계명 간음하지 말라
8계명 도둑질 하지 말라
9계명 거짓증거 하지 말라
10계명 네 이웃의 집을 탐내지 말라
(출애굽기 20:12-17)

공동기도문

_______________ 함께 기도해요.

돌판에 새긴 사랑
십계명

( ) 하나님 아버지,

주시고,

주시고,

주시고,

주시고,

주시고,

주시고,

주시고,

주시고,

주시고,

( ) 예수님 이름으로 기도합니다. 아멘

3과 하나님 나라의 법

5 ~ 10계명

돌판에 새긴 사랑 **십계명**

1부 Welcome

공동기도문으로 기도합니다.

생각 열기

힌트를 읽고 다음 중 내가 누구인지 찾아보세요.

※ 출처 : 바이블페이스

1. 나는 기적을 일으켰어요.
2. 나는 하나님의 음성을 직접 들었어요.
3. 나는 성경을 썼어요.
4. 나는 구약에 나와요.
5. 나는 손에 무언가를 들고 있어요.
6. 나는 머리카락이 길어요.
7. 나는 귀가 보여요.

나는 누구일까요? (   )

2부 Havruta 말씀 이해

성경 읽기

본문을 손으로 짚어가며 천천히 읽습니다.

1. 처음에는 큰 소리로 함께 읽어요.
2. 두 번째는 서로 돌아가면서 읽어요.
3. 세 번째는 눈으로 읽어요. (중요한 단어에는 □를, 모르는 단어에는 ○를 표시합니다.)

출애굽기 20:12~17

12 네 부모를 공경하라 그리하면 네 하나님 여호와가 네게 준 땅에서 네 생명이 길리라
13 살인하지 말라
14 간음하지 말라
15 도둑질하지 말라
16 네 이웃에 대하여 거짓 증거하지 말라
17 네 이웃의 집을 탐내지 말라 네 이웃의 아내나 그의 남종이나 그의 여종이나
그의 소나 그의 나귀나 무릇 네 이웃의 소유를 탐내지 말라

단어 풀이

아래에서 뜻에 맞는 단어를 찾아 넣으세요.

공경 간음 증거 탐내다 무릇 소유

- ______ 공손히 받들어 모시다.
- ______ 가지고 있음 또는 그 물건
- ______ 부부가 아닌 남녀가 성관계를 맺는 것
- ______ 대체로 헤아려 생각하건대
- ______ 어떤 사실을 증명할 수 있는 근거
- ______ 가지거나 차지하고 싶어하다.

사실 질문 성경을 읽고 정답을 본문에서 찾을 수 있는 질문을 만들어 보세요.

단답형으로 만들어 보세요.

○, × 퀴즈형으로 만들어 보세요.

괄호(　　) 넣기형으로 만들어 보세요.

육하원칙에 따라 만들어 보세요.

짝 토론

짝에게 내가 만든 질문으로 퀴즈를 내고 서로 답하며 이야기를 나누세요.

2부 Havruta 말씀 심화

심화 질문

본문에 정답은 없지만 성경을 읽고 궁금한 것을 질문으로 만들어 보세요.

예) 부모를 공경하면 생명이 길다고 하셨는데 어떻게 살게 될까?

짝 토론

짝과 함께 이야기 나누는 시간. 짝과 함께 위의 질문에서 몇가지를 골라 이야기 나누고 가장 인상적인 질문과 답을 정리해 보세요.

나의 질문	내 생각	짝 생각

짝의 질문	내 생각	짝 생각

모둠 토론 한 계명씩 깊이 묵상하면서, 일상에서 지킬 수 있는 것을 써 봅시다.

5계명

네 부모를 공경하라

네 아버지와 어머니를 공경하라 이것은 약속이 있는 첫 계명이니
이로써 네가 잘되고 땅에서 장수하리라 (에베소서 6:2~3)

예)
자기 마음에 내키지 않더라도 부모님께 순종한다.
부모님이 말씀하실 때 주의를 기우려 듣는다.
존댓말을 사용한다.

6계명 | 살인하지 말라

그 형제를 미워하는 자마다 살인하는 자니... (요한1서 3:15a)

예)
다른 사람을 미워하는 마음을 빨리 정리한다.
'죽인다'는 표현을 함부로 쓰지 않는다.

7계명 | 간음하지 말라

또 간음하지 말라 하였다는 것을 너희가 들었으나 나는 너희에게 이르노니
음욕을 품고 여자를 보는 자마다 마음에 이미 간음하였느니라 (마태복음 5:27~28)

예)
남편/아내가 아닌 사람에게 마음을 주지 않기로 결심한다.
남편/아내가 아닌 사람에게 몸을 주지 않기로 결심한다.
음란한 비디오, 사진을 멀리한다. 결혼의 의미를 기억한다.

8계명

도둑질 하지 말라

이렇게 말함은 가난한 자들을 생각함이 아니요 그는 도둑이라 돈궤를 맡고
거기 넣는 것을 훔쳐 감이러라 (요한복음 12:6)

예)
아무리 작은 것이라도 돈이나 물건을 가져오지 않는다.
영화, 노래 등 저작권을 잘 지킨다.

9계명

네 이웃에 대하여 거짓 증거하지 말라

누구든지 하나님을 사랑하노라 하고 그 형제를 미워하면 이는 거짓말하는 자니 보는 바
그 형제를 사랑하지 아니하는 자는 보지 못하는 바 하나님을 사랑할 수 없느니라 (요한1서 4:20)

예)
만우절 풍습을 따르지 않는다.
다른 사람을 곤란하게 만드는 말을 하거나 꾸미지 않는다.

10계명

네 이웃의 집을 탐내지 말라 네 이웃의 아내나 그의 남종이나 그의 여종이나 그의 소나 그의 나귀나 무릇 네 이웃의 소유를 탐내지 말라

돈을 사랑함이 일만 악의 뿌리가 되나니 이것을 탐내는 자들은 미혹을 받아 믿음에서 떠나 많은 근심으로써 자기를 찔렀도다 (디모데전서 6:10)

예)
다른 사람이 가진 집이나 물건을 부러워하지 않는다.
쇼핑은 필요한 물건을 사기 위해 한다.
나에게 있는 것에 불평하지 않고 만족과 감사함을 갖는다.

2부 Havruta 말씀 적용

적용 질문

말씀에서 깨달은 점을 어떻게 삶에서 실천할 것인지 질문으로 만들어 보세요.

예) 부모님의 말씀에 나는 어떤 태도를 가져야 할까?

하나님 알기

하나님은 어떤 분이신가요? (성호, 성품, 하신 일을 찾습니다)

(　　)절

(　　)절

(　　)절

전체

하나님 닮기

말씀에서 실천해야 할 하나님의 뜻은 무엇인가요?
(하라 또는 하지말라 하신 것, 닮아야 할 것, 기억해야 할 것 등을 찾습니다)

(　　)절

(　　)절

(　　)절

전체

쉬우르 본문에서 하나님의 뜻이 무엇인지 종합정리 합니다.

십계명은 하나님과의 수직적인 관계와 이웃과의 수평적인 관계로 이루어져 있습니다. 또한 우리에게 삶의 우선순위를 말해주고 있습니다. 하나님과의 관계 다음으로 부모님을 공경하라고 하십니다. 이웃과의 관계에서도 사랑을 실천하라고 하십니다. 그러나 사랑을 실제로 실천하는 일은 어렵습니다. 하나님의 사랑이 우리 안에서 있을 때만이 우리는 이웃을 진정으로 사랑할 수 있습니다. 우리 모두 '하나님 사랑해요'를 마음과 입술로 고백해 보면 어떨까요?

기도문

하나님과 관계뿐 아니라 이웃과의 관계에서도 아버지의 말씀이 기준이 되어 사랑하고 실천하게 하소서. 예수님의 이름으로 기도합니다. 아멘

나의 다짐 적용질문을 바탕으로 구체적 실천 가능한 내용을 적어 봅니다.

3부 Mission 5

뒤죽박죽 단어 찾기

진행방법 - 뒤죽박죽된 단어를 선을 따라 자릅니다. 3과에서 배운 내용을 생각하며 단어의 뜻을 찾습니다. 혼자 또는 짝과 함께 단어의 뜻을 찾아 올바르게 배열하세요. 30쪽과 일치하게 완성하면 미션완료입니다.

단어	뜻
공경	가지고 있음 또는 그 물건
간음	대체로 헤아려 생각하건대
증거	공손히 받들어 모시다.
탐내다	부부가 아닌 남녀가 성관계를 맺는것
무릇	어떤 사실을 증명할 수 있는 근거
소유	가지거나 차지하고 싶어하다.

하브루타 선교회
HAVRUTA MISSIONS

4과

하나님 나라의 삶

예수께서 가라사대 네 마음을 다하고 목숨을 다하고 뜻을 다하여
주 너의 하나님을 사랑하라 하셨으니 이것이 크고 첫째 되는 계명이요
둘째는 그와 같으니 네 이웃을 네 몸과 같이 사랑하라 하셨으니

(마태복음 22:37-39)

공동기도문

돌판에 새긴 사랑
십계명

______________ 함께 기도해요.

( ) 하나님 아버지,

주시고,

주시고,

주시고,

주시고,

주시고,

주시고,

주시고,

주시고,

주시고,

( ) 예수님 이름으로 기도합니다. 아멘

돌판에 새긴 사랑 **십계명**

4과 하나님 나라의 삶

1부 Welcome

공동기도문으로 기도합니다.

생각 열기 내 이웃의 이름을 적고 아래 질문으로 이야기 나누세요.

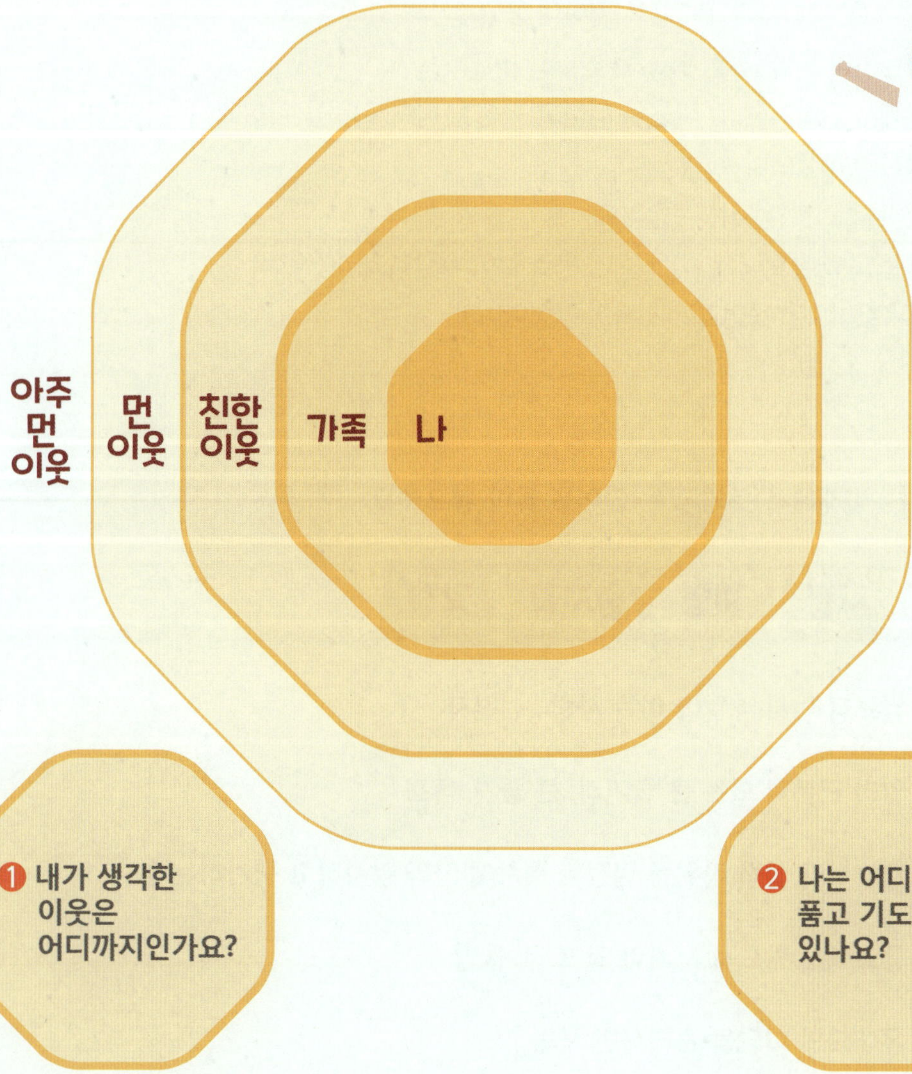

❶ 내가 생각한 이웃은 어디까지인가요?

❷ 나는 어디까지 품고 기도하고 있나요?

2부 Havruta 말씀 이해

성경 읽기 본문을 손으로 짚어가며 천천히 읽습니다.

❶ 처음에는 큰 소리로 함께 읽어요.

❷ 두 번째는 서로 돌아가면서 읽어요.

❸ 세 번째는 눈으로 읽어요. (중요한 단어에는 □를, 모르는 단어에는 ○를 표시합니다.)

마태복음 22:35~40

---

35 그 중에 한 율법사가 예수를 시험하여 묻되
36 선생님이여 율법 중에 어느 계명이 크니이까
37 예수께서 가라사대 네 마음을 다하고 목숨을 다하고 뜻을 다하여 주 너의 하나님을
사랑하라 하셨으니
38 이것이 크고 첫째 되는 계명이요
39 둘째는 그와 같으니 네 이웃을 네 몸과 같이 사랑하라 하셨으니
40 이 두 계명이 온 율법과 선지자의 강령이니라

단어 풀이 아래에서 뜻에 맞는 단어를 찾아 넣으세요.

율법사 시험 계명 선지자 강령

[ ] 남보다 먼저 깨달아 아는 사람 , 선견자

[ ] 일의 근본이 되는 큰 줄거리, 큰 줄기, 목표

[ ] 재능이나 실력 따위를 일정한 절차에 따라 검사하고 평가하는 일

[ ] 종교에서 반드시 지켜야 할 조건, 율법

[ ] 유대교의 회당을 관리하던 사람

사실 질문 성경을 읽고 정답을 본문에서 찾을 수 있는 질문을 만들어 보세요.

단답형으로 만들어 보세요.

○, × 퀴즈형으로 만들어 보세요.

괄호(   ) 넣기형으로 만들어 보세요.

육하원칙에 따라 만들어 보세요.

짝 토론

짝에게 내가 만든 질문으로 퀴즈를 내고 서로 답하며 이야기를 나누세요.

알쓸성잡 알면 알수록 쓸모있는 성경의 잡학한 지식들을 알아봅시다.

안식일과 주일

하나님께서 창조하실 때에 일곱째 날은 사람들에게 안식하고 복을 주시는 날로 정해 주셨습니다. 금요일 일몰(日沒)에서 토요일 일몰까지, 이날은 모든 일을 하지 않고 휴식을 취합니다. 신약시대에 들어와 초대교회에서는 안식일과 주일을 다 지키기도 했으나, 오늘날 기독교에서는 안식일의 의미는 기억하되 따로 지키지 않고, 예수님이 부활하신 날, 주일 (일요일)을 지킵니다.

위 그림이나 사진을 보고 내가 아는 것을 말해 보세요.
자세히 보고 나서 생각나는 것을 말해 보세요.
더 궁금한 내용이나 이해되지 않는 부분을 물어보세요.

이후에 너희 자녀가 묻기를 이 예식이 무슨 뜻이냐 하거든 ……

(출애굽기 12:26)

2부 Havruta 말씀 심화

심화 질문 본문에 정답은 없지만 성경을 읽고 궁금한 것을 질문으로 만들어 보세요.

예) 부모를 공경하면 생명이 길다고 하셨는데 어떻게 살게 될까?

짝 토론 짝과 함께 이야기 나누는 시간. 짝과 함께 위의 질문에서 몇가지를 골라 이야기 나누고 가장 인상적인 질문과 답을 정리해 보세요.

나의 질문	내 생각	짝 생각

짝의 질문	내 생각	짝 생각

2부 Havruta 말씀 적용

적용 질문 말씀에서 깨달은 점을 어떻게 삶에서 실천할 것인지 질문으로 만들어 보세요.

하나님 알기 하나님은 어떤 분이신가요? (성호, 성품, 하신 일을 찾습니다)

(　　)절

(　　)절

(　　)절

전체

하나님 닮기 말씀에서 실천해야 할 하나님의 뜻은 무엇인가요?
(하라 또는 하지말라 하신 것, 닮아야 할 것, 기억해야 할 것 등을 찾습니다)

(　　)절

(　　)절

(　　)절

전체

쉬우르 본문에서 하나님의 뜻이 무엇인지 종합정리 합니다.

하나님을 어떻게 사랑해야 할까요?
'네 마음을 다하고 목숨을 다하고 뜻을 다하여 너의 하나님을 사랑하라'라고 말씀하십니다. 이웃을 어떻게 사랑해야 할까요?
'네 자신 같이 사랑하라'라고 하십니다. 이 두 사랑은 서로 다른 사랑이 아닙니다. 하나님을 사랑하는 것은 곧 이웃 사랑을 포함하는 것입니다. 하나님 사랑과 이웃사랑이 우리를 통해 세상으로 흘러 전해져서 하나님 나라를 세워가면 좋겠습니다.

기도문

**예수님을 통해 온전한 주님의 자녀가 되게 하심을 감사합니다.
예수님처럼 마음을 다하고 목숨을 다하고 뜻을 다하여 하나님을 사랑하고 이웃을 내 몸같이 사랑하게 하소서. 예수님의 이름으로 기도합니다. 아멘.**

나의 다짐 각 계명마다 나의 실천을 한 개씩 적고 발표해 보세요.

- 1 계명
- 2 계명
- 3 계명
- 4 계명
- 5 계명
- 6 계명
- 7 계명
- 8 계명
- 9 계명
- 10계명

3부 Mission 6

삼면날개 만들기

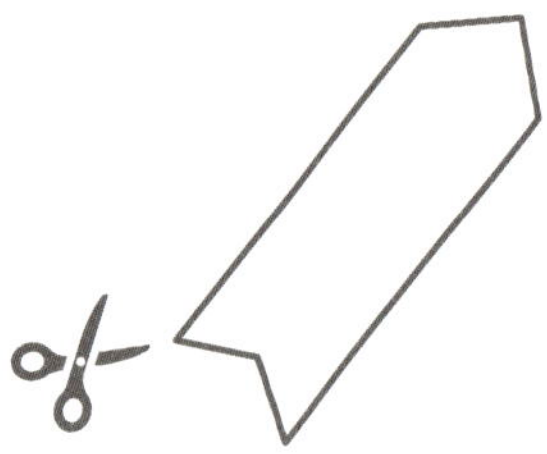

① 그림의 바깥 선을 따라 자릅니다.

② 자른 종이를 절반으로 접습니다.

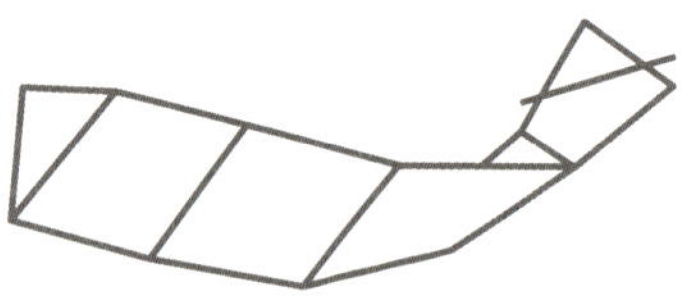

③ 그같은 색이 되도록 접습니다.

④ 반대편도 접어 줍니다.

⑤ 같은 색이 나오도록 풀칠을 합니다.

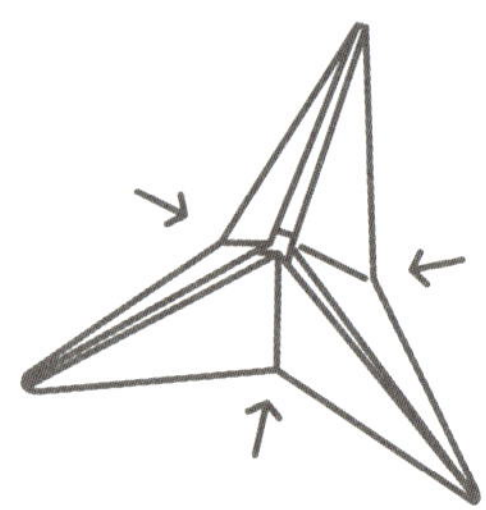

⑥ 가운데를 눌러서 뾰족하게 합니다.

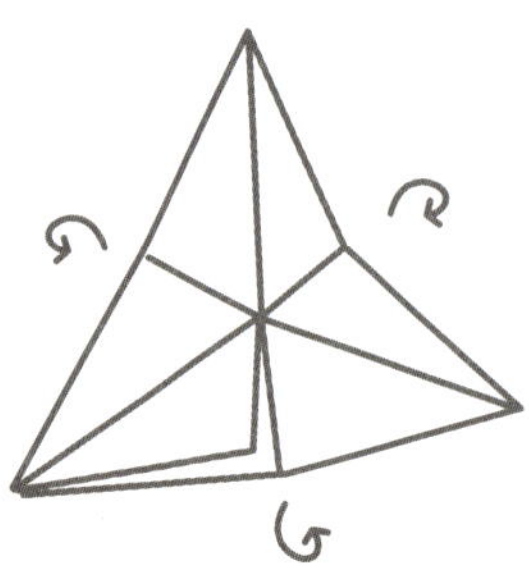

⑦ 가운데를 벌려주면 다른 그림이 나옵니다.

⑧ 계속 뒤집으면 다시 처음 그 자리로 돌아옵니다. 하나님 사랑, 이웃사랑은 따로가 아닌 하나입니다.

삼면날개 만들기

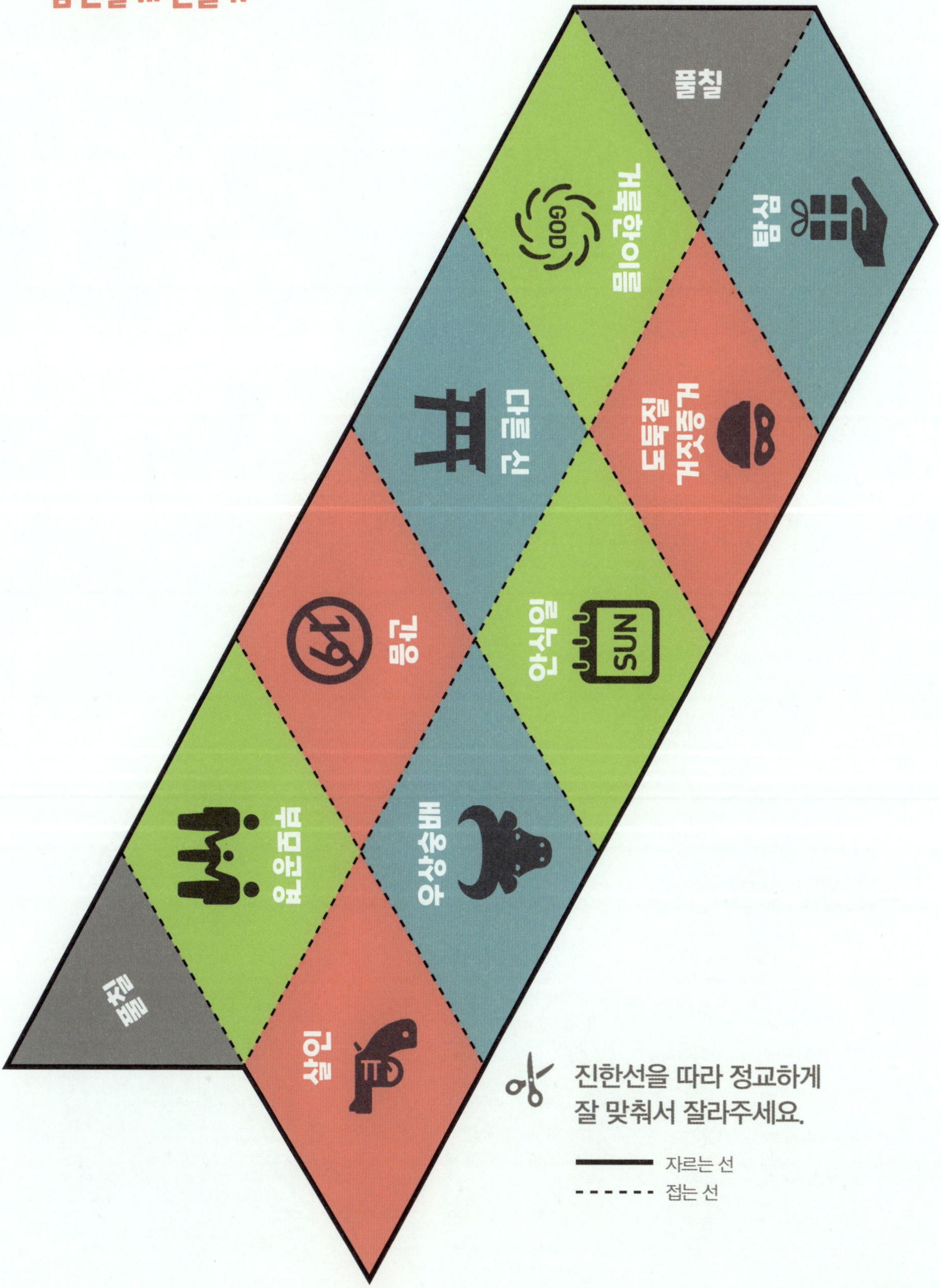

진한선을 따라 정교하게
잘 맞춰서 잘라주세요.

자르는 선

접는 선

미션 정답 확인

4번 미션 정답

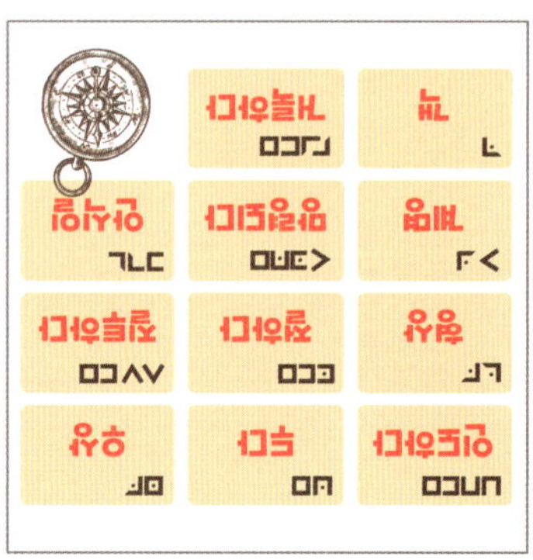

3번 미션 정답

1번 미션 정답(돌판모양)

돌판에 새긴 사랑

십계명

1계명 나 외의 다른 신을 섬기지 말라
No other god

2계명 우상을 만들지 말라
No idols

3계명 여호와의 이름을 망령되이 일컫지 말라
Don't misuse God's name

4계명 안식일을 지키라
Rest on the sabbath

5계명 네 부모를 공경하라
Honor your parents

6계명 살인하지 말라
Don't murder

7계명 간음하지 말라
No adultery

8계명 도둑질 하지 말라
Don't steal

9계명 거짓증거 하지 말라
Don't lie

10계명 네 이웃의 집을 탐내지 말라
Don't covet

눈에 잘 보이는 곳에 포스터를 붙이고
십계명을 생활 속에서 기억합시다.

참고자료 및 이미지

- 비스켓게임 바이블페이스. 김연. 디자인연
- 비스켓게임 이모션큐레이터. 김연.디자인연
- 그모스. https://cdn.pixabay.com/photo/2019/03/03/09/34/indonesia-4031427_960_720.jpg
- 다곤. https://commons.wikimedia.org/wiki/File:Curious_Myths_p_495_Oannes.jpg
- 몰록 또는 몰렉. https://commons.wikimedia.org/wiki/ Foster_Bible_Pictures_0074-1_ Offering_to_Molech.jpg
- 바알. https://commons.wikimedia.org/wiki/File:Baal_Ugarit_Louvre_AO17330.jpg
- 시내산. https://commons.wikimedia.org/wiki/File:Mount_Moses.jpg
- 아세라. https://commons.wikimedia.org/wiki/File:Ashera._Eretz_Israel_Mus.jpg
- 아스다롯. https://commons.wikimedia.org/wiki/ Babylonian_prototype_of_the_Madonna_and_child,_Astarte._Wellcome_M0008442.jpg
- 이집트 수도 카이로. https://cdn.pixabay.com/photo/2019/10/27/09/37/cairo-4581202_960_720.jpg
- 피라미드. https://cdn.pixabay.com/photo/2016/10/21/00/43/giza-1756946_960_720.jpg
- 출애굽. https://commons.wikimedia.org/wiki/File:Exodus_Map.jpg

말키세이 1 하브루타 성경학교 공과

초판 1쇄 2022년 5월 31일

지은이 민형덕, 오주호, 정성은, 최은희
펴낸이 양동일
편집 최안나, 강민선
그림 기한나, 김문선
펴낸곳 (주)생각나무
등록 2019년 9월 3일(No. 2019-000015호)
주소 경기도 광명시 시청로 139, 106-1103
구입문의 민형덕: 010-9944-4310
이메일 jasmin4310@hanmail.net
인쇄·제본 두리문화사
책 값은 뒤표지에 있습니다.

ISBN 979-11-92442-01-3